AF653913

कच-कच

लेखन: संगीता गुप्ता एवं विनीता कृष्णा
चित्रांकन: नीता गंगोपाध्याय

चिल्ड्रन्स बुक ट्रस्ट, नई दिल्ली

कचरू खरगोश को गाजर बहुत अच्छी लगती थी। भूख लगने पर वह सिर्फ़ गाजर ही खाता था। खाते समय कचरू गाता–

"हलवा बढ़िया है गाजर का,
सब्ज़ी गाजर की है अच्छी।
सूप बनाओ लाल गाजर का,
कच-कच खाऊं गाजर कच्ची।"

कचरू अपने घर के भंडार में ढेर सारी गाजरें रखता था। उसके बाग में बड़ी-बड़ी लाल-लाल गाजरें उगती थीं।

मटरू खरगोश कचरू खरगोश के पड़ोस में रहता था। मटरू को भी गाजर बहुत अच्छी लगती थी। लेकिन मटरू खरगोश दूसरी सब्ज़ियां भी खाता था। वह जब खाना खाता तो गाता–

"हलवा बढ़िया है गाजर का,
खाऊं सब्ज़ी हरी मटर की।
सूप बनाऊं जिसका चाहूं,
बंदगोभी मैं खाऊं कच्ची।"

एक दिन कचरू ने देखा कि उसके भंडार में थोड़ी ही गाजरें रह गई हैं। कचरू बाग में गाजर उखाड़ने गया तो देखा, बाग में एक भी गाजर नहीं है। कचरू झटपट बाज़ार से गाजर के बीज लेने भागा।

कचरू पहली दुकान पर गया। दुकानदार ने सारे डिब्बे खोलकर देखे। गाजर के बीज खत्म हो चुके थे। कचरू दूसरी दुकान में गया। दुकानदार ने बताया कि इस बार उसके सारे बीज सड़ गए थे।

कचरू तीसरी दुकान में गया। दुकानदार ने समझाया, “गाजर के बीज मेरे पास भी नहीं हैं। किसी और सब्ज़ी के बीज ले जाओ।”

मगर कचरू को तो गाजर के ही बीज लेने थे। वह उदास होकर घर वापस आ गया।

मटरू ने पूछा, "क्या हुआ? गाजर के बीज नहीं मिले? मेरे पास एक बढ़िया चीज़ के कुछ बीज हैं, उगाकर देखो।"

कचरू ने बीज लेकर बाग में डाल दिए। वह भंडार में बची गाजरें थोड़ी-थोड़ी करके खाता रहा। घर की खिड़की से वह बाग में डाले बीज से उगती सब्ज़ी को देखता रहता।

एक दिन कचरू के घर में जब एक भी गाजर नहीं बची, तो वह बाग में उगी सब्ज़ी उखाड़ने गया।

उसने खूब ज़ोर लगाकर सब्ज़ी को उखाड़ा। मगर ज़मीन के नीचे से कुछ भी नहीं निकला।

कचरू को भूख लगी थी। वह सब्ज़ी उठाकर गुस्से से चिल्लाता हुआ मटरू के पास गया।

“मटरू, तुमने मुझे बुद्धू बनाया। इस पौधे के नीचे तो कोई सब्ज़ी नहीं है। क्या यही है तुम्हारी बढ़िया चीज़?”

मटरू ने कहा, “हां-हां, यही तो है बढ़िया चीज़। इसे कहते हैं बंदगोभी!”

"ना-ना," कचरू का गुस्सा बढ़ गया, "मैं तो ज़मीन के नीचे उगी सब्ज़ी खाता हूं। मैं इसे कैसे खा सकता हूं? मैं क्या बकरी हूं?" कचरू बड़-बड़ करता घर वापस आ गया।

अब कचरू को भूख लग रही थी। वह बंदगोभी के पत्ते खोलने लगा, शायद अंदर से कुछ खाने की चीज़ मिल जाए। पत्ते के नीचे पत्ता और फिर पत्ता और फिर पत्ता। कचरू परेशान हो गया।

पत्ते हाथ में पकड़े-पकड़े कचरू थककर सो गया। थोड़ी देर में भूख के मारे नींद में ही उसने हाथ में पकड़ा पत्ता मुँह में डाला और कच-कच! कच-कच! कचरू ने पूरा पत्ता खा लिया। वाह! क्या स्वाद है! कचरू की आँख खुल गई। वह उठकर बैठ गया। उसने कुछ और पत्ते उठाकर मुँह में डाले।

कच-कचा-कच-कच! आहा! कुरमुरे मीठे पत्ते! कचरू कूदता-कूदता बाग में पहुंचा और गाने लगा-

कच-कच! कच-कच! मीठे पत्ते।
इतने सारे कच्चे-कच्चे,
झट से खाऊं बढ़िया पत्ते!

कचरू का गाना सुन, मटरू ने अपने घर से झांककर देखा और कचरू को बंदगोभी खाते देखकर हँसने लगा।